سالم الرحال يتذكر

أفق الأسطورة..حضيض المأساة

ممدوح الشيخ

الكتاب: سالم الرحال يتذكر: أفق الأسطورة.. حضيض المأساة.

المؤلف: ممدوح الشيخ

مقدمة

4

سالم الرحال أسطورة من أساطير التاريخ السري/ العلني للجماعات الإسلامية المتشددة في مصر ارتبط اسمه بتنظيم الجهاد الذي يتزعمه الآن الدكتور أيمن الظواهري وينسب إلى الرحال – ضمن آخرين – أنه مؤسس التنظيم. ورغم أن الأحداث محلياً ودولياً تبرر الاهتمام بكل معلومة جديدة عن هذه الظاهرة التي أحدثت منعطفاً في تاريخ مصر باغتيال الرئيس المصري الراحل أنور السادات السادات، وأحدثت منعطفاً آخر في التاريخ المعاصر بعملية

الحادي عشر من سبتمبر، فإن سالم رحال هنا إنسان من دم ولحم لم يعرف عنه الناس إلا صورة الحركي القادر على تجنيد الأتباع وقيادتهم، سالم رحال هنا ينزل من علياء الأسطورة إلى حضيض المأساة.

انطفأ البريق

8

9

كان سالم الرحال – أو محمد سالم محمد صالح الرحال – بالنسبة لي مجرد اسم كبير ارتبط بظاهرة مهمة، ورغم أنني أرتبط بصداقة وطيدة بالرجل الذي خلفه في إمارة تنظيم الجهاد الباحث المعروف الأستاذ كمال السعيد حبيب، وهو حالياً بعد أن ترك العمل السري يعد أطروحة للدكتوراه في العلوم السياسية، ولم أنتبه إلا مؤخراً إلى أنني لم أحاول أبداً بناء صورة لسالم الرحال، ولم أسأل خليفته أبداً عن هذا الرجل الذي يحاط اسمه بهالة كبيرة.

والاهتمام بسالم الرحال لا ينبع فقط من دوره في نشأة تنظيم الجهاد وعملية اغتيال السادات بل ينبع من كونه فلسطيني شكل مع صالح سرية قائد تنظيم الفنية العسكرية الذي أعدم بعد محاولة فاشلة لقلب نظام الحكم في مصر ما يسميه بعض المتخصصين في الظاهرة **"الرافد الفلسطيني"** في تجربة العنف الأصولي المصرية.

ما قبل المذكرات

12

تشكل قلة الكتابات عن سالم رحال مشكلة حقيقية لأي باحث يريد رسم صورة دقيقة لمشواره —فكرياً وتنظيمياً معاً. فرغم الدور الكبير الذي قام به، لم تصدر عنه حتى الآن — في حدود علمنا — دراسة مستقلة وافية، وما تزال جوانب من سيرته مبثوثة في مصادر مختلفة.

وفي مقال متميز له بعنوان: **"أراد اغتيال السادات فانتهى معتوهًا"**([1])، يرسم الباحث الفلسطيني أسامة العيسة صورة للبيئة التي بدأ فيها مشوار سالم رحال في قرية **"عرتوف"** التي تقع غرب القدس بحوالي 30 كلم، وكان مقدراً لهذه القرية الصغيرة الهادئة، أن تكون على موعد، مثل باقي الأراضي الفلسطينية، مع الغزوة الاستيطانية، وأن تعيش الصراع الدموي الذي رافقها.

ووصلت ذروة هذا الصراع عام 1948، وكان على سكان القرية وعددهم في ذلك العام نحو 350 نسمة، أن يدافعوا عن قريتهم وأرضهم في وجه **"العصابات الصهيونية"** التي كانت منظمة وتعمل ضمن خطط

([1]) أراد اغتيال السادات فانتهى معتوهًا – مقال – أسامة العيسة – جريدة إيلاف الإليكترونية – العدد 4248 – 19 يناير 2005 – الرابط:

http://www.elaph.com/Politics/2005/1/34960.htm?sectionarchive-Politics

للاستيلاء على المناطق الفلسطينية ومن بينها تلك البلدات غرب القدس.

وقاد الهجوم على القرية فرقة من منظمة **الهاغناة** بقيادة ضابط سيصبح مشهوراً جداً فيما بعد، هو رفائيل ايتان قائد الجيش الإسرائيلي والوزير فيما بعد.

وأثناء تقدم اثنان من المقاومين للدفاع عن قريتهم، أصيب احدهم واسمه احمد عبد الفتاح رّحال، نتيجة قصف من الطائرات، وتدلت إحدى يديه، فما كان من زميله إلا حمله، والسير به نحو مدينة بيت لحم، لعلاجه في المستشفى الفرنسي في المدينة.

وكتبت الحياة لرّحال، وانخرط فيما بعد في **حزب التحرير الإسلامي** الذي أسسه في القدس الشيخ تقي الدين النبهاني، بعد انشقاقه عن **جماعة الإخوان**

المسلمين، مكفراً كل الأنظمة العربية، وجاعلا إعادة الخلافة الإسلامية أحد أهدافه. وبعد احتلال ما تبقى من الأراضي الفلسطينية عام 1967، وصل الإسرائيليون إليه في أحد مخيمات اللاجئين، حيث عاش بعد أن دمرت قريته **عرتوف** وهجر جميع سكانها، وأبعدوه إلى الأردن.

وكان من بين المهجرين من القرية شاب اسمه سالم رحّال حطت به الرحال في بلدة صويلح الأردنية. تمتع سالم بصفات كثيرة أحبها فيه كل من عرفه، وكان معتداً إلى حد كبير بنفسه، وشهماً وكريماً، وأصر على الزواج من فتاة أحبها من خارج القرية، وهو أمر لم يكن كثير الحدوث في ذلك الحين، وتجشم مشاق كثيرة، حتى ظفر بها واسمها شيحة عمرو من بلدة دورا في جبل الخليل.

افتتح سالم رحال في بلدة صويلح مطعماً لبيع الحمص والفلافل، وفي هذه البلدة الأردنية أنجب عدداً من الأبناء من بينهم محمد الذي نشأ، مثل معظم الأبناء الفلسطينيين من جيله على حكايات الأهل عن البلاد التي تركوها، والمقاوم الجريح أحمد عبد الفتاح رحّال، المنخرط في **حزب التحرير**. ونشأ محمد ضمن تربية دينية، منجذباً إلى أفكار الحزب. وأظهر محمد تفوقاً في دراسته، وما أن أنهى دراسته الثانوية، حتى التحق بجامعة الأزهر.

وصل محمد سالم رحّال إلى القاهرة في أوائل السبعينات، حاملاً معه أفكار **حزب التحرير** المكفرة للأنظمة، والتقى هناك مع دكتور في الفلسفة، هو الأخر فلسطيني اسمه صالح سّرية.

وقاد سرية مجموعة طلاب وهجموا على مبنى الكلية الفنية العسكرية عام 1974، وكانت خطته الزحف وقتل السادات والاستيلاء على الحكم لإقامة الخلافة الإسلامية.

وفشلت، كما هو متوقع، مغامرة سرية، ومن ضمن الذين اعتقلوا معه محمد سالم رحّال، الذي تمت تبرئته وأطلق سراحه.

تابع رحّال دراسته في الأزهر، وحصل على البكالوريوس والماجستير، وبدا يحضر للدكتوراة، وخلال كل ذلك، أصبح معروفاً في أوساط الحركيين الإسلاميين الذين بداوا يظهرون في محافظات مصر، وكان لرحّال تلامذته ومجموعته ومن بينهم من أصبح معروفاً فيما بعد مثل كمال حبيب، الكاتب والباحث الإسلامي.

وقد سئل القيادي الجهادي المصري نبيل نعيم عن نشأة فكرة التغيير المسلح فقال:

"لسنا اصحاب هذا الفكر ولكن محمد سالم الرحال وهو أردنى الجنسية وتم ترحيله من مصر عام 1981، والمؤسس التاريخى هو سيد إمام الشهير بـ "الدكتور فضل" وهو الاسم الحركى له وكتب كتابين هما: "العمدة لإعداد العدة للجهاد فى سبيل الله" وطبعته على نفقتي وكان حوالى 700 صفحة وكتاب: "الجامع فى طلب العلم الشريف" وكان حوالى 4 الاف صفحة. ويعتبر الكتابان المرجعية الشرعية لفكر الجهاد فى العالم بأكمله وكل جماعات الجهاد فى العالم من الشرق الى الغرب تعمل بهما. وكان اسم المؤلف على الغلاف عبد القادر بن عبد العزيز.. هذان الكتابان

يعتبران دستور فكر الجهاد فى العالم وبهما كل القضايا المتعلقة بالجهاد والأمن والسلاح وغيرها".(2)

ويؤكد المستشار عبد الغفار محمد — قاضي قضية اغتيال السادات — هذه الحقيقة الخطيرة بقوله:

"تنظيم "الجهاد" لم يكن موجوداً فى مصر، وذلك مثله مثل "التكفير والهجرة" لم يكن له وجود، وجاء "محمد سالم الرحال" من الأردن فى سنة ١٩٧٧، وحاول نشر فكر تنظيم "الجهاد" بالجامعات الإسلامية، ولكنه فشل، وحينما علمت به السلطات قامت بترحيله واكتفت بذلك.

---

(2) نبيل نعيم مسئول تنظيم الجهاد والقيادي السابق بتنظيم القاعدة: "الإخوان" يضحكون على "السلفيين" بحلم "الخلافة" — حوار: محمود محرم — مجلة روزاليوسف المصرية — 12 — يونيو 2012.

ويضيف المستشار عبد الغعار محمد أن سالم الرحال **"جاء إلى مصر مرة أخرى فى عام ١٩٧٩، واستطاع أن يقنع عبدالسلام فرج، رئيس التنظيم، بهذه الفكرة وألف فرج كتاب "الفريضة الغائبة"، ووزعه ونشر فكر الجهاد فى القاهرة وبعض المحافظات، واقتنع بهذه الفكرة كل من: عبود الزمر وطارق الزمر، ونبيل المغربي وأيمن الظواهري، واستمر محمد عبد السلام فرج في نشر فكره إلى أن أصدر السادات قراره باعتقال ١٥٣٦ شخصاً فى ٢ سبتمبر سنة ١٩٨٠. .. .. ..وهكذا لم يكن للجهاد وجود فى مصر إلى أن أتى "محمد سالم الرحال""**.([3])

([3]) **المستشار عبد الغفار محمد: أبو باشا قال لى إن إسرائيل طلبت إعدام خالد الإسلامبولى قبل انسحابها من "رأس محمد" – حوار: أحمد الخطيب – جريدة المصري اليوم – ٢٨/ ١١/ ٢٠٠٩**

وحسب القيادي الجهادي السابق الدكتور كمال السعيد حبيب — وهو تولى قيادة مجموعة سالم رحال بعد ترحيله من مصر — فإن الجذور الأولى لما أصبح يسمى "**التيار السلفى الجهادي**" من ناحية المسيرة الحركية لا تنتمي إلى تنظيم "**الجهاد الإسلامي**". وتعد حركة الفنية العسكرية أول حركة تتبنى الجهاد بمعنى القتال أو التغيير بالقوة المسلحة لنظام سياسى معاصر اعتبرته مرتداً عن الحكم بالشريعة ولا يطبقها، قاد هذه الحركة صالح سرية الفلسطينى الذى تأثر بأفكار **حزب التحرير** وبأفكار **الإخوان المسلمين** في العراق، لكنه انتهى إلى أن مصر هي المركز وأن تحرير القدس لا يمكن أن يتم إلا بتحرير مصر أولاً من خلال الانقضاض على السلطة السياسية.

وحسب الدكتور كمال حبيب، تعرف صالح سرية على الحاجة زينب الغزالي التى أوصلته مع شباب كانوا

يتوافدون إليها على رأسهم المرحوم طلال الأنصاري الذى كان واسع الحركة في الإسكندرية، وكانت فكرة الحاكمية هي الفكرة الأساسية لدى هذا التيار الجديد الذي يمكن أن نقول إنه الطبقة الأولى من طبقات التأسيس للفكر السلفي الجهادي. كانت هناك مجموعات أخرى متعددة تحمل هذا الفكر لكنها صغيرة ومغلقة على نفسها لحد كبير منها مجموعة "**إسماعيل طنطاوي**" التي كان يتبعها آنذاك الشاب أيمن الظواهري والشاب عصام القمري وعلوي مصطفى وغيرهم.

ويرى الدكتور كمال حبيب أن هزيمة 1967 كانت إيذاناً بصعود هذا التيار الذي قدر له أن يرسخ أقدامه مع فترة الإحياء الإسلامي الكبير فى السبعينيات. وكانت "**رسالة الإيمان**" التي كتبها صالح سرية أحد المصادر التى استلهم منها ذلك التيار أفكاره، وبخاصة فيما

يتعلق بالموقف من الدولة العلمانية وضرورة القضاء عليها، بيد أن أفكار صالح سرية كانت تقبل باختراق الدولة أو التحالف مع من يسعى للسيطرة عليها ودعمه ممن ينتهجون النهج الإسلامي، وكانت الفكرة التي يحملها هي فكرة الانقلاب العسكري.

وبعد صالح سرية يأتي فلسطيني آخر هو محمد سالم الرحال الذي كان يدرس بكلية أصول الدين بجامعة الأزهر وكان قد تأثر هو الآخر بأفكار **حزب التحرير** وتبنى فكرة الانقلاب العسكري باعتبارها أداة بيضاء في تقديره لا يترتب عليها مفاسد الدماء التي قد تنتج عن الثورات.([4])

([4]) السلفية الجهادية.. لا سلفيون ولا جهاديون – الدكتور كمال حبيب – مقال – جريدة الشروق المصرية – 15 نوفمبر 2012.

ولم يكن التيار السلفي الجهادي تنظيماً بالمعنى الحقيقي بمعنى أن الفكرة الجهادية هي التي تتحكم في سيرته ومسيرته أكثر من التنظيم أي أن الأيديولوجية هي الجاذب الرئيس للأفراد، ولأن هذا التيار لم يعط التنظيم حقه من الأفكار بمعنى أنه لم يطرح السؤال حول كيف يبنى تنظيماً؟ فقد اتسمت أغلب التنظيمات بالهشاشة، وبخاصة أنها كانت عنقودية، فالفنية العسكرية فشلت لتسرع الشباب وضغطهم على قائدهم، والمجموعات الجهادية بعد الفنية العسكرية قررت أن تحل تنظيمها وذلك لاختراق أجهزة الأمن لها. ومع مجيء عام 1981 تحالفت المجموعات الجهادية الثلاث التي كانت على الساحة وتمكنت من قتل السادات.([5])

_____

([5]) السلفية الجهادية.. لا سلفيون ولا جهاديون – الدكتور كمال حبيب – مقال – جريدة الشروق المصرية – 15 نوفمبر

شهادة منتصر الزيات

تحدث كثيرون عن دور رحّال في تلك المرحلة الهامة من تاريخ مصر والمنطقة وجماعات الإسلام السياسي، ومن بينهم أخيراً المحامي منتصر الزيات الذي تحدث في مذكراته التي صدرت في كتاب عن علاقته برحّال.

ذكر الزيات أنه التقي في بدايات عام 1980 بالحركي أحمد هاني الحناوي، وهو من جماعة رحّال وعرفه عليه ويصفه الزيات " **كان أقرب إلى القصر منه إلى**

الطول، أصلع خمري اللون يشع من عينيه الذكاء وكان عمره حوالي 29 عاما".

يقول الزيات إن رّحال حدثه عن ضرورة قيام دولة إسلامية، ونصحني بقراءة: "**فقه الجهاد في سبل الإسلام**" للإمام الشوكاني. وقال له إن طريق الدعوة الإسلامية يمر بمراحل عدة:

الأولى: مرحلة الدعوة باللسان.

والثانية: مرحلة زجر المتلقين بشيء من التخويف.

والثالثة تكون باليد أي بالعنف.

ويشير الزيات إلى أن رّحال كان "**يردد أن مصر هي أكبر دولة عربية وأن الحركة الإسلامية فيها ينبغي أن تقوم بدورها من هذا المنطلق، وأن صالح سرية جاء**

إلى مصر وهو يدرك أنه إذا تحرك الشعب المصري ستتحرك الشعوب العربية كلها لاقتلاع الأنظمة الحاكمة."

وأبلغ الرّحال الزيات بأنه يوجد في تنظيمه ضباط في الجيش المصري مستعدون لإسقاط النظام بالقوة، وشرح له فكرة القيام بثورة شعبية. وأن تنظيمه يضم مجموعات عنقودية لا يعرف بعضها بعضاً على رغم اتصالها فكرياً.

ورغم أن الزيات يشير إلى أنه لم ينصح جماعته بالارتباط بتنظيم رّحال، إلا أنه يقول:

"كنا نجهز لتوحد المجموعات الجهادية من أجل إسقاط الأنظمة العربية وإقامة دولة الخلافة الإسلامية، وهذه أفكار نابعة من حزب التحرير الذي كان ينتمي إليه محمد سالم رّحال في الأصل. كان

رحّال يرغب في أن نبدأ بمصر ثم يتم تصدير الثورة إلى بقية الدول العربية، وفقاً لنموذج الثورة الشعبية التي اندلعت في إيران في 1979بتحريض من آية الله الخميني."

وهكذا، لم تكن مصر الهدف النهائي أمام تنظيم الجهاد على وجه الخصوص، بل تتسع دائرة الأعداء لتشمل عدواً تقليدياً لم ينسه تنظيم الجهاد أبداً منذ لحظة تكوينه، لكنه كان يؤجل المواجهة حتى يفرغ من العدو القريب، وهو النظام الحاكم في مصر. ويتمثل هذا العدو في الولايات المتحدة الأمريكية. وتستعيد الأذهان هنا ما تضمنته وثيقة: "**أمريكا ومصر والحركة الإسلامية**"، التي أصدرها فرع تنظيم الجهاد بقيادة سالم رحال أوائل عقد الثمانينيات من القرن الماضي، حيث اعتبرت أن منطق التعامل الصحيح مع أمريكا والرادع لها، والذي يحقق الدفاع عن آمالنا الإسلامية في مواجهة بطشها وعربدتها في المنطقة الإسلامية

هو تقديم المزيد من الدماء، والمزيد من الشهداء، ورفع شعار الخلافة أو الشهادة .. والعمل على إفشال كل ما هو أمريكي.([6])

وجميع الذين أرخوا لتنظيمات الإسلام السياسي في مصر كانوا يتوقفون عند مسالة إبعاد محمد سالم رّحال إلى الخارج، ولا ينسون الإشارة إليه باعتباره: "**الإسلامي الغامض**".

ويذكر الزيات أنه ذهب إلى موعد مع محمد سالم الرّحال، فلم يجده لأن السلطات المصرية أبعدته إلى الخارج في أوائل كانون الثاني (يناير) 1981.

([6]) **عولمة الحركة الإسلامية الراديكالية (الحالة المصرية) – دكتور جهاد عودة ودكتور عمّار علي حسن – سلسلة كراسات استراتيجية – السنة الثانية عشرة – 2002 – العدد رقم 120 – مركز الأهرام للدراسات – مصر.**

ويقر الزيات بأن "رحّال لعب دوراً محورياً في توحيد التنظيمات الجهادية في مصر، إلا أنه كانت هناك علامات استفهام كثيرة في شأنه".

ويقول إن المشككين فيه كانوا يتساءلون من أين جاء وكيف وما هي أغراضه؟

وقد ضم تنظيم سالم الرحال في ذلك الوقت الكثير من العناصر أهمها كمال السعيد حبيب ونبيل نعيم. وفي عام 1981 أثمرت جهود سالم الرحال عن توحيد رافد تنظيم الجهاد الذي كان يقوده محمد عبد السلام فرج والرافد الذي يقوده كمال السعيد حبيب مع الجماعة الإسلامية وتقرر تشكيل مجلس قيادة من التنظيمات الثلاثة والإعداد لاغتيال السادات ومحاولة تغيير نظام الحكم كله

غير أن أخطاء في الاتصالات منعت اكتمال تنفيذ الخطة.(⁷)

(⁷) الجماعة الإسلامية المصرية: قراءة في النشأة والمراجعات – فتحي حسين عطوة – مقال جريدة عكاظ السعودية – 2011/01/30.

مصر.. الكويت .. الأردن

تنتهي قصة محمد سالم رحّال لدى الذين كتبوا عن تلك المرحلة عند ترحيله من مصر. لكن ما حدث بعد إبعاد رحّال، وفقا لشهادات، مقربين منه، أنه وصل إلى الكويت، ليحظى بحماية ومساندة إسلاميين في هذا البلد الخليجي الذي توجد فيه حركات إسلامية متنوعة وبينها متعاطفون مع **حزب التحرير** الإسلامي.

ولم يقطع أحد بشكل العلاقة التي ربطت محمد سالم رحّال بحزب التحرير بشكل رسمي، وهل كان نشاطه

السابق في مصر جزءاً من خطة للحزب، وخصوصاً أن استراتيجية الحزب المعروفة تقوم على أساس التثقيف والتحضير لإقامة الخلافة.

أمضى رحّال في الكويت بين عامين إلى ثلاثة، لكن يبدو أن هناك أجهزة أمنية عربية ومن بينها المصرية لم تكن أسقطت رحّال من حساباتها، وربما مارست هذه الأجهزة ضغطاً على الكويت لإبعاد رحّال من أراضيها.

وأبلغه مضيفوه الكويتيون أنهم لم يعودوا قادرين على حمايته وتوفير ملاذ له، فقرر العودة إلى الأردن ومسقط الرأس: صويلح.

استقبلت عائلة رحّال ابنها العائد بكثير من الترحيب والشوق، ووجد مزيداً من شبان ورجال ونساء

العائلة ينظرون إليه باحترام، تسبقه سمعته حول علمه وتعليمه وسجاياه.

ومثلما هو متوقع، اختارت له العائلة إحدى فتياتها ليتزوجها، لكن شهر العسل بالنسبة له لم يطل، لا مع زوجته ولا مع الحكومة الأردنية، التي اعتقلت الرّحال. ولا تتوفر معلومات عن النشاط الذي مارسه رّحال لتعتقله الحكومة الأردنية، ويمكن أن يكون اعتقاله تم ضمن الحملات الدورية من الحكومة على نشطاء **حزب التحرير**.

لكن تجربة الاعتقال انتهت بشكل مأساوي.

وعندما أفرجت الحكومة الأردنية عن محمد سالم رّحال، بعد نحو عام من اعتقاله، لم يكن هو نفسه الشخص الذي اعتقلته، لأنه أصيب داخل السجن بمرض عقلي وأصبح غير مسيطر على قدراته العقلية.

وقال بعض من عرفه بعد خروجه من السجن إنه أصيب بمرض نفسي كان يجعله دائم الشك في كل من حوله. وتوالت الأحداث الدرامية في حياة الرّحال، فطلق زوجته، ثم وقع ما هو الأسوأ، ففي أثناء مناقشة بينه وبين والده حول قضية عادية، يحلو لعارفيه أن يقولوا أنها تافهة، استل سكيناً وطعن والده حتى الموت.

وكان الحدث فوق التصور، وتم اعتقال رّحال الحركي المطارد، لكن هذه المرة بتهمة جنائية. وحكم عليه بالسجن وتم إيداعه مستشفى الأمراض العقلية، حيث يوجد الأن، غير مدرك أن اسمه ما زال يتردد كأحد المسؤولين عن بث فكر تلك الحركة التي أقلقت وما زالت، دول المنطقة والعالم.

سالم رحال يتذكر

حتى وقت قريب كان كل ما نعرفه عن الرحال أنه جاء إلى مصر ليتعلم في الأزهر وقام بدور تاريخي في تنظيم الجهاد وانتبهت أجهزة الأمن لخطورته فقامت بترحيله إلى الأردن حيث تعرض لتعذيب أفقد قواه العقلية.

غير أن مجلة "**نداء الإسلام**" التي تصدرها بعض الشخصيات الأصولية في استراليا فاجأت قراءها بنشر مذكرات سالم رحال تحت عنوان "**معالم على طريق**

الجهاد: الشيخ محمد سالم رحال"، وجاءت حافلة هي الأخرى بالمفاجئات.

وفي تقديمها للمذكرات كتبت المجلة ما نصه:

"هو من أوائل الإخوة العاملين في الحركة الجهادية . . . أكمل تعليمه الجامعي في مصر بالأزهر في كلية أصول الدين – قسم الحديث – وذلك من سنة 1975 إلى سنة 1979. واجتهد في تلك الفترة في تجميع طاقات الشباب ودعوتهم للعمل فاعتقل بعد حصوله على الليسانس لمدة ستة أشهر بتهمة تأسيس تنظيم جهادي، وذلك ضمن حملة الاعتقالات التي جرت على أثر هروب أحد الشباب من السجن وهو حسن الهلاوي. ثم أفرج عنه وتابع دراسة الماجستير وبعد سنة رُحِّل أثناء تأديته الامتحانات إلى الأردن".

"وبعدها سافر إلى أفغانستان لنصرة الجهاد هناك. ثم رجع للأردن بعد ذلك ونشط في مجال الدعوة والعمل الإسلامي، فاعتقل من قبل المخابرات الأردنية بتهمة ترؤس تنظم جهادي ضد نظام الحكم ومكث قيد الاعتقال أربعة عشر شهراً كاملة صبوا عليه خلالها ألواناً لا تطاق من العذاب."

وأثناء اعتقاله أصيب بانفصام عقلي فأخرج ووضع تحت الإقامة الجبرية لمدة سنة **"ثم في القسم القضائي في الصحة النفسية (مستشفى الأعصاب) في منطقة الفحيص إحدى ضواحي عمان الغربية .. وقد مضى عله هناك أكثر من تسع سنوات، وقد زاره كثير من الإخوة هناك فوجدوه اليوم في حالة طبيعية جداً، ويشهد له الأطباء أنه طبيعي وليس بمريض، ولكنهم**

يقولون إن الذين يحالون على هذا المكان لا يمكنهم الخروج منه إلا بتقرير طبي ينص على الشفاء التام، وقوانين هذا المكان تنص على أنه ليس هناك شفاء تام لمثل هذه الحالات .. !!".

"هذا وقد حوكم غيابياً في قضية الجهاد الشهيرة في مصر بالأشغال الشاقة لمدة 15 سنة."

وما يستنتج من تقديم المجلة أن النص المنشور تسرب من المصحة التي يحتجز فيها بالعاصمة الأردنية وأنه استرد قواه العقلية. وللأهمية الشديدة للشخص والنص معاً سأنقل مما نشرته المجلة "حرفياً".

يقول سالم رحال في الحلقة الأولى:

"الحمد لله رب العالمين والصلاة والسلام على سيد المرسلين ولا عدوان إلا على الظالمين وبعد:

جميع ما سأذكره في هذه المذكرات يتصف بالصدق والأمانة العلمية والتاريخية إلا في توقيت (التذكر) حيث يصعب ذكر التواريخ المتعلقة بتذكر الأحداث وإعادة تفسيرها، فعندما أقول حدث كذا فظننت كذا لا يعني هذا أن الظن حدث فوراً. وسأذكر في فصل مستقل عن الظواهر الغيبية حيث إن ظاهرة التذكر عندي ليست عشوائية وأنا مقتنع الآن أن توقيت التذكر مقدر من الله تعالى. حيث إن الرؤى والأحلام وقراءة القرآن تساعدني الآن على تذكر أحداث نسيتها، وإني الآن أفهمها فهما أعمق مما كنت أفهمه قديماً."

"بل إن إشارات الكون والحياة تساهم في تفسير الأحداث، وقد كنت قديما أفهم أحداث الحركة بشكل مبسط أو قليل العمق، ثم تطور فهمي حتى

صـار مستحيلاً غير قابـل للتصديق، فهـذا الفهـم الـذي
منه الله تعالى علي الذي أفهم الآن وأعتقد أن فيه صفة
الاعتدال واحتمالات مقبولة للحركة".

وهـو يشـرح في الحلقـة الأولى سـبب اختيـار الاسـم
فيقول:

"تقديراً مني لبحث الشهيد .. نحسبه كذلك ..
سيد قطب رحمه الله تعالى في كتابه (معالم في الطريق)
بحث: (لا إله إلا الله) وبحث: (الجهاد في سبيل الله)
سمبت هذه المذكرات بـ (معالم على طريق الجهاد)".

من الجنون إلى الجنون

ولد سالم الرحال في مخيم الكرامة للاجئين الفلسطينيين ويقع إلى الشرق قريباً من نهر الأردن الذي يعرف تاريخيا باسم (نهر الشريق)، وقد دمر المخيم في 1968/3/21 من قبل الجيش الإسرائيلي بزعم تدمير قواعد الثورة الفلسطينية، وهو الآن المخيم نفسه الذي يسمى بـ (مخيم البقعة) قريبا من عمان الأردن.

وأول المفاجآت في مذكراته أنه قرر تأسيس التنظيم في 1970/10/7 "**وهدفه إقامة الخلافة الإسلامية**"،

رغم أنه مولود في 1954/2/2 أي أنه اتخذ القرار في سن الثامنة عشرة من عمره.

المفاجأة الثانية أنه قبل اتخاذ هذا القرار المبكر كان له ماضٍ تنظيمي: **"وقبل أن يمن الله علي بالإيمان بهذا الفكر كنت قبل ذلك قد انتميت لحزب التحرير، وقبل حزب التحرير كنت في حركة فتح (حركة التحرير الوطني الفلسطيني) فالحمد والمنة لله وحده"**.

وتشكل محطتا **"فتح"** و**"حزب التحرير"** سمة يشترك فيها سالم الرحال وصالح سرية، أما الشهيد عبد الله عزام فمر بمحطة **"فتح"** وحسب، قبل أن يصل إلى أفغانستان ويؤسس **"القاعدة"** التي حولها بن لادن بعد سنوات من استشهاد مؤسسها إلى منظمة عالمية تستهدف مصالح الولايات المتحدة الأمريكية.

المفاجـأة الأولى تقـود إلى سلسـلة متلاحقـة مـن التحولات ربما لا تدانيها في الغرابة إلا عوالم جابريل جارثيا مركيـز المدهشـة، لكننـا هنـا أمـام حيـاة إنسـانية صنعتها عواصف عاتية، فالرجل الذي أسس وقاد وناضل هوى من شاهق ليدخل عوالم الجنون وقتل الأهل ومحاولة الانتحار، وهي صورة لا تتناسب مع الصورة التي رسمها هذا الاسم في مخيلة الملايين بوصفه واحداً من صناع التاريخ، ولا غرابة في أن يكون بعض صناع التاريخ ضمن ضحاياه!

فتحت عنوان: "**الهوية التنظيمية**" كتب رحال:

"**مـر التنظيـم في مراحل متعـددة اختلطت مـع حياتي الشخصية وذلك كما يلي:**

أ: المرحلة العقائدية:

حيث شعرت أن الشيوعية قد تغلغلت في جسم الأمة فقرأت وقتها نحو ثلاثين كتاباً في العقيدة، ثم ألفت كتاباً سميته (العقيدة الإسلامية) وقد احترق مع سائر مكتبتي لكنني اختصرته في كتاب جديد من الذاكرة ويحمل نفس الاسم.

ب: المرحلة السياسية:

وهي لا تعني عندنا المشاركة في النظام بل تعني الموقف السياسي الإسلامي. وقد تم فيها تبني الفكر السياسي المتناثر في المذاهب الأربعة، وفي التراث التاريخي والحركي وبخاصة فكر حزب التحرير السياسي.

ج: المرحلة العسكرية:

وقد وصلت فيها إلى تخطيط انقلاب عسكري في مصر. ثم دخل التنظيم المرحلة العسكرية الفعلية باغتيال (الهالك) السادات.

د: المرحلة الاستخبارية:

وفيها انكشف التنظيم. وقد تعرضت بعد ذلك لمؤامرة محكمة وكبيرة، فقد اكتشفت خلال هذه المرحلة خطة المخابرات والدور التكتيكي مع جميع دول المنطقة لتحطيم القياديين الإسلاميين حيث تم تشكيكي بجميع الحركات الإسلامية، مع إهمال الدولة للقرآن العظيم شعرت أن هناك مؤامرة لتحريف القرآن وأن اليهود والهنود وراءها، ومنهم مناحم بيجن الذي يعرف بأنه (جزار دير ياسين) وأن تحريف القرآن من

شروط السلام لأن القرآن العظيم هو أهم مصدر للفكر الجهادي.

هـ: مرحلة تدمير الذات:

وهنا شـعرت أن المخـابرات أو جهـات معاديـة مجهولة قـد تستفيد مـن تحركي فأحرقت مكتبتي التي وصلت إلى ألف كتاب ومجلد، وطلقت زوجتي وقتلت والدي وشعرت برغبة شديدة في الانتحار."

كهف الأوهام

من الواضح من روايته للأحداث أنه مر بتجارب نفسية تتسم بالقسوة الشديدة وكانت قمتها عندما دخل ما يمكن أن نسميه "**كهف الأوهام**" وهو يصف هذه المرحلة قائلاً:

"واعتزلت الناس وعكفت على الذكر، بل اعتزلت صلاة الجمعة حيث اعتقدت أن أئمة المساجد عملاء للمخابرات. ولم أخرج إلا للحج سنة 1407 هـ الموافق لعام 1987 م لمدة عشرين يوماً، وكنت لا

أكلم نفسي ولا أكلم أحداً ولا أقرأ كتاباً لاعتقادي أن المخابرات تعلم حديث النفس. سوى أني اطلعت على قولـه تعـالى (وذكـرهم بأيـام الله) (إبـراهيم 5) فـي مصاحف سعودية لأتأكد أن رسمها صحيح متفق مع مصاحف الأردن".

"وقصة هذه الآية أنه كان عندي مصحف قديم من طبع مكتبة الملاح في دمشق وقد رسم كلمة (أيام) على هذه الصورة. أما في المصاحف الحديثة فرسومها على أيّ ـم مع رسم علامة الألف فوق الياء). وطابقت المصاحف السعودية المصاحف الحديثة. وكنت قد سألت مفتي الأردن عن ذلك فقال: (هذه خلافات بين المسلمين)، ولـم تعجبنـي سـلبيته ولكننـي واصلت

الاطلاع حتى عرفت أن هناك كلمات في القرآن الكريم ترسم برسمين"

"ولكنني في تلك الفترة فسرت بأن كلمة (أيام) وكلمة أرَّ ـم) بالمد والشدة تعني يوما طويلاً وشديداً. وفعلا جاء هذا اليوم بل إنها كانت أيام."

وهذه مفاجأة أخرى لها دلالاتها الخطيرة على درجة ما لبعض قيادات الجماعات المتشددة من حصيلة من العلم الشرعي، فالرسم العثماني واصطلاحاته في المصحف من الأمور المستقرة التي من المؤكد أن كل من قرأ القرآن تلفت نظره المفارقة فيها بين المكتوب والمنطوق.

فهي أمر يعرفه كل مسلم له حظ ولو محدود من الثقافة الدينية، لكن سالم الرحال لم يلتفت لذلك إلا عام 1987 أي بعد سنوات من العمل التنظيمي الذي انتهى

باغتيال رئيس دولة وما ترتب على ذلك من تداعيات ما زال بعضها مستمراً حتى الآن.

فهل كان فعلا يعاني جهلاً شديداً بالدين أم كان هذا الموقف من تداعيات مرضه النفسي؟

المناضل وليا !!

ربما لو لم يكن لي اهتمام بعلم ما وراء النفس "الباراسيكولوجي" قراءة وتأليفاً لكانت نظرتي لهذه المرحلة من رحلة سالم الرحال سلبية تماماً، ولنقرأ أولا ما كتبه تحت عنوان: "المرحلة الغيبية" كتب يقول:

"وقد حصل معي فيها كشوف وإلهامات أنقذتني من ملاحقة المخابرات ورجعت إلى فيها الثقة بالثقافة وبالناس مع الحذر المتعارف عليه. ولم تكن هذه المرحلة سالمة فقد كان فيها اختلاط شديد، وكنت

أعتقد أحياناً أنني ولي، وأحياناً أنني مجنون. وما زلت في المركز الوطني للصحة النفسية القسم القضائي منذ سنة 1990 بتهمة قتل والدي لاعتقادي أنه مرتد وأنه عميل للمخابرات. حيث إن تأثير المرحلة الغيبية في شفائي من الأوهام كان بطيئاً ومتدرجاً".

"والغريب أن الأطباء كانوا يعتقدون أن الأوهام نفسها جاءت من الحالة الغيبية. ولكن الصحيح أن أهل مكة أدرى بشعابها فالأمر على خلاف ذلك".

والأشكال المختلفة من العلم الكشفي — وبخاصة الرؤى الاستشرافية التي تنبئ بغيب — لا ينكره مؤمن بالأديان السماوية لورود ما يقطع بصحته في الكتب السماوية الثلاث، لكن الشخصيات التي تتصف بالطموح

والحركية غالباً تتأثر بمثل هذه المعارف، فحتى هتلر نفسه يروي في كتابه "**كفاحي**" وقائع مماثلة.

وتحت عنوان "**الهوية العلمية**" كتب رحال:

"**ثـــم رحلـــت مـــن مصـــر لـــلأردن بتـــاريخ 1981/7/29** أي قبل اغتيال الهالك السادات بتسعة وستين يوماً. وعند الترحيل كنت يومها أستعد لآخر امتحان في مقرر الحديث سنة أولى دراسات عليا مادة القرآن العظيم. وقد رحلت قبل الحصول على شهادة السنة الأولى العليا".

وحسـب شـهادة في مشـروع بحثـي لتوثيـق تـاريخ الحركـة الإسـلامية المصـرية في السـبعينات أدلى بهـا محـامٍ معروف – ينتمي للحركـة الإسلامية – كـان وثيـق الصـلة

بالقضية التي تم القبض على رحال بسببها وتم ترحيله فإن قرار ترحيله من مصر يعد لغزاً غير مفهوم حتى الآن!!.

وتأتي بعد ذلك عبارات تبدو غير متماسكة تعبر عن طبيعة المرحلة التي مر بها رحال، فهو يقول:

"بعد أن حصلت معي الحالة الغيبية اندمجت علومي مع ما أظن أنه علم للدين منه ما زلت معبرا عليه ومنه ما تراجعت عنه."، ثم ينتقل إلى موضوعٍ ثانٍ قائلاً:

"أعتقد الآن أن البشرية دخلت مرحلة الفتن وأشراط الساعة والملاحم مع الكفار. وما زلت أعتقد ذلك".

وهو يصف درجة التشوش التي مر بها حتى **"بلغ من شكي في المفاهيم السياسية والتاريخية الأساسية**

أنني كنت أعتقد أن هتلر كان عميلا للإنجليز، وأن الولايات المتحدة الأمريكية لم تستقل عن بريطانيا." .

"ولكن تراكم المفاهيم السياسية عندي أعاد الدائرة إلى أصلها وتراجعت هذه المفاهيم. وقد ندمت على إحراق كتاب (لماذا تقدم الإنجليز السكسونيون وتأخر غيرهم) حيث كنت أتوقع أن أجد فيه تأكيدا أو نفياً للأوهام السابقة". . . . .

"إلا أن المفاهيم الحركية والسياسية التي كانت عندي عادت إلى بعد استقراري في المركز ومراجعتي للقرآن العظيم جعلتني أعتقد بالتهاوي الحتمي لأية إمبراطورية وأنها سنة الله تعالى في الأمم."

تنظيم الجهاد والسياسة الدولية

تحت هـذا العنـوان تـأتي الحلقـة الثانيـة ومحتواهـا في مجمله غير قابل للنشر حيث يركز فيه سالم الرحال على محاولات الأنظمة العربية وبالتحديد أجهزة مخابراتها احتواء تنظيـم الجهـاد. ونتوقـف عنـد الحلقـة الخامسـة لأهميتهـا لموضوعنا.

وفيها يقول سالم رحال تحت عنوان (**الجهاد هو الانتماء الإعلامي**) فيقول:

"عند اغتيال السادات بلغ عدد الجهات التي نسبت إليها العملية ثمانية جهات، لكن النسبة الصحيحة هي لتنظيم الجهاد برئاسة الشيخ محمد عبد السلام فرج الذي كان رئيس مجلس الشورى المتكون من جماعة الجهاد والجماعة الإسلامية وسميت القضية (بقضية تنظيم الجهاد) وإن كانت الصحف التي نشرت التحقيقات مع خالد الاسلامبولي ورفاقه رحمهم الله تعالى أن صاحب أول فكرة لإنشاء هذا التنظيم هو محمد سالم الرحال". ... ...

"والحقيقة أن اغتيال السادات لم يكن في خطتي ولا أدري ما هي اعترافات خالد ورفاقه رحمه الله تعالى عني، لكني علمت أن هذا الخبر ناتج عن تكرار اسمي في التحقيقات".

" أما ما أستطيع بلورته حول هذا الموضوع:

1 – أن (تنظيم الجهاد) لم يؤسسه غيري.

2 – أن الأسماء التي نشرت في قرار الاتهام مجمعة من جماعات كثيرة أدرجت تحت عنوان (تنظيم الجهاد).

3 – قيام تنظيمي بعملية اغتيال السادات غير قطعي.

4 – خلافة كمال السعيد حبيب لي في مصر لم أسمع منه جواباً عليها ولكنها وردت في الصحف".

وتحت عنوان "طه السماوي" يقول سالم رحال:

"نشر في الصحف وأنا في الكويت أن خالد الاسلامبولي رحمه الله تعالى كان في بداية الأمر مع

عبد الله السماوي (طه السماوي) وقد كنت أعرف ذلك وأنا في مصر وأن خالداً رحمه الله تعالى ترك السماوي بسبب عدم نشاطه الجهادي. لكنني تأكدت من ذلك عندما نشر الخبر وأنا في الكويت، لكن السماوي تكلم وكأن جماعته هي المسؤولة عن اغتيال السادات".

"ثم نشر في إحدى المجلات أن عبد الله السماوي تابع لي. وهذا غير صحيح وهذا يشبه ما ذكر من أنني أتلقى التعليمات من الشيخ الألباني فهذه معلومات من بعض الأحداث وصغار السن يستنتجونها دون تمحيص".

وتحت عنوان "كلمة يوسف والي" يقول سالم رحال:

"صرح يوسف والي وزير الزراعة المصري قائلاً:
(إن الرأس المدبر لاغتيال السادات هو محمد سالم الرحال)، فهل هذه الكلمة دقيقة؟ بعد طول تأمل تبين لي ما يلي:

1 - لقد نشرت الصحف أن كمال السعيد حبيب وهو خليفتي في مصر قد انضم إلى جماعة الشيخ محمد عبد السلام فرج رحمه الله تعالى قبل اغتيال السادات وأظن أنه كان بينهما علاقة تعاون. فما المانع إذن من أن يكون التأثير الأساسي في قضية اغيال السادات راجعاً إلى انضمام كمال إلى الشيخ محمد عبد السلام فرج أو تعاونه معه. وبذلك تكون جماعتي هي

الجماعــة المســؤولة عـن اغتيــال الهالــك السادات.

2 – أذكر أنني طرحت فكرة اغتيال السادات في العرض العسكري ولكن ضـمن انقلاب، ولا أدري ما حصـل بعدي فلعلهم يئسوا من نجاح الانقلاب بعد ترحيلي ومطاردة الرائد عصام القمري فتحول الانقلاب إلى اغتيال.

3 – في مقابلة لي مع أحد الصـحفيين سـألني عـن تحـول الانقـلاب إلى الاغتيـال ولـم أدر مـا أجيبـه حيث حصـل هـذا الأمـر وأنا في الأردن.

4 – مـع ذلك فإن الجماعـة الإسلامية بقيـادة الشـيخ عمـر عبـد الـرحمن يـدَّعون أيضاً

مسؤوليتهم عـن اغتيـال السـادات ولا أدري كيف أوفق بين دعـواهم وبين كلمة يوسف والي وزير الزراعة المصري يومها. على كل حال كان هذا تعليقي على كلمة هذا الوزير.

5 ــ كذلك نشر في كتاب (اغتيال رئيس) أن جماعتي وجماعة الشيخ محمد عبد السلام فـرج قـد اختلطتـا وصـارتا كأنهمـا جماعـة واحـدة ولا أعـرف عـن هـذا الموضـوع أكثر من ذلك."

ليس من شكٍ في أن النص يظل في النهاية منسوباً إلى سالم رحال وهو ما لا نستطيع القطع بإثبات صة هذه النسبة ولا نفيها. وقد يكون الأقرب إلى الصواب أن نقول

إنها محطات في حياة رجل يحيط الغموض بدوره في تاريخ مصر، لكنها محطات تطرح من الأسئلة أكثر مما تجيب.

ولعل التساؤل الأكثر إلحاحاً من بين ما تطرحه هو التساؤل عن مصير كاتبها نفسها، فقبل ظهورها كان كل ما نعرفه عن الرجل أنه فقد قواه العقلية تحت التعذيب، فهل يكون وارداً أن يغادر سالم رحال محبسه يوماً ما ليقول ما لم يقله حتى الآن!

من يدري؟

ممدوح الشيخ.. ..سيرة ذاتية

مصري، مولود في 14 / 8 / 1967

** متخصص في الاجتماع الديني.

** عضو اتحاد كتّاب مصر.

** كاتب مقال رأي بعدد من الدوريات المصرية والعربية.

من دراساته في الظاهرة الدينية

** المسلمون ومؤامرات الإبادة — مكتبة مدبولي الصغير — مصر — 1994.

** الإسلاميون والعلمانيون من الحوار إلى الحرب — دار البيارق — الأردن — 1999.

** البابا شنودة والقدس: الحقيقي والمعلن — خلود للنشر — مصر — 2000.

** الجماعات الإسلامية المصرية المتشددة في آتون 11 سبتمبر: مفارقات النشأة ومجازفات التحول — مكتبة مدبولي — مصر — 2005.

** الإسلام في مرمى نيران العلمانية الفرنسية: ما وراء الحرب الأوروبية على الحجاب والنقاب – مكتبة بيروت – مصر/ سلطنة عمان – 2010.

** طارق البشري: القاضي.. المؤرخ.. المفكر.. وداعية الإصلاح – سلسلة أعلام الفكر والإصلاح في العالم الإسلامي – مركز الحضارة لتنمية الفكر الإسلامي – لبنان – الطبعة الأولى 2011.

** عبد الوهاب المسيري: من المادية إلى الإنسانية الإسلامية – سلسلة أعلام الفكر والإصلاح في العالم الإسلامي – رقم 7 – مركز الحضارة لتنمية الفكر الإسلامي – لبنان – الطبعة الأولى 2008.

** مراجعات الإسلاميين (الجزء الأول) – تأليف بالاشتراك – مرز المسبار للدراسات والبحوث – الإمارات – سلسلة كتاب المسبار الشهري – العدد السادس والثلاثون – ديسمبر 2009.

** السلفيون من الظل إلى قلب المشهد – دار أخبار اليوم – مصر – 2012.

** حرر (بالاشتراك) موسوعة "اليهود واليهودية والصهيونية" – 8 مجلدات – لمؤلفها المفكر العربي الإسلامي المرموق الدكتور عبد الوهاب المسيري – دار الشروق – مصر – **1998**.